小跳豆 Jumping Bean 幼兒好習慣情境故事系列

社交禮儀

U0111548

新雅文化事業有限公司
www.sunya.com.hk

小跳豆
幼兒好習慣情境故事系列

跟着跳跳豆和糖糖豆一起養成好習慣！

　　從小培養幼兒的好習慣是很重要的事，家長只要在他們成長的關鍵時期，給予合理的引導和訓練，孩子就會養成良好的習慣。另一方面，這時期的孩子對一些行為背後的道理也不能完全明白。因此家長更要抓住時機，循循善誘，避免孩子養成不良習慣。

　　《小跳豆幼兒好習慣情境故事系列》共6冊，針對3-7歲孩子在日常生活中面對的問題和需要學習的處境，分為六個不同的範疇，包括生活自理、清潔衛生、與人相處、社交禮儀、公德心和公眾場所。透過跳跳豆、糖糖豆以及好友們的經歷，帶領孩子面對各種在成長中會遇到的問題，並引入選擇題的方式，鼓勵孩子思考解決問題的方法。

　　書末設有「親子說一說」和「教養小貼士」的欄目，給家長一些小提示和教育孩子的方向，幫助家長在跟孩子進行親子閱讀時，一起討論他們所選擇的結果，讓孩子明白箇中道理。「我的好習慣」的欄目，讓孩子檢視自己有什麼好習慣，鼓勵孩子自省並保持良好的習慣，長大成為擁有良好態度和修養的好孩子。

新雅 • 點讀樂園 升級功能

以互動方式提升孩子的思考力，養成好習慣！

　　本系列屬「新雅點讀樂園」產品之一，若配備新雅點讀筆，爸媽和孩子可以使用全書的點讀功能，孩子可以先點選情境故事的內容，聆聽和理解所發生的事情，然後思考該怎樣做，選出合適的答案。透過互動遊戲的方式，讓孩子邊聽邊學邊玩，同時提升解決問題的能力，培養良好的個人素質。

　　「新雅點讀樂園」產品包括語文學習類、親子故事和知識類等圖書，種類豐富，旨在透過聲音和互動功能帶動孩子學習，提升他們的學習動機與趣味！

想了解更多新雅的點讀產品，請瀏覽新雅網頁(www.sunya.com.hk)或掃描右邊的QR code進入 新雅 • 點讀樂園 。

如何使用新雅點讀筆閱讀故事？

1. 下載本故事系列的點讀筆檔案

1 瀏覽新雅網頁(www.sunya.com.hk) 或掃描右邊的QR code 進入 新雅・點讀樂園 。

2 點選 下載點讀筆檔案 ▶ 。

3 依照下載區的步驟說明，點選及下載《小跳豆幼兒好習慣情境故事系列》 的點讀筆檔案至電腦，並複製至新雅點讀筆的「BOOKS」資料夾內。

2. 啟動點讀功能

開啟點讀筆後，請點選封面右上角的 新雅・點讀樂園 圖示，然後便可翻開書本， 點選書本上的故事文字或圖畫，點讀筆便會播放相應的內容。

3. 選擇語言

如想切換播放語言，請點選內頁右上角的 🔊 ☆ 普 圖示，當再次點選內 頁時，點讀筆便會使用所選的語言播放點選的內容。

如何運用點讀筆進行互動學習

吃東西時

豆豆們一起吃餅乾。火火豆興奮地和跳跳豆說他買了新玩具，那是一盒火箭模型。火火豆一邊吃餅乾，一邊說話，口中的餅乾碎屑都噴到跳跳豆的臉上去了。接下來，跳跳豆該怎樣做才是正確的呢？

27

點選語言圖示，可切換至粵語、口語或普通話

選圖中的**色**，可聆**對白**

1 先點選情境文字的頁面，聆聽和理解所發生的事情

小朋友，請你聆讀以下選項，然後在右頁選出正確答案：　　　我的選擇是：Ⓐ Ⓑ

翻至下一頁，你可先點選頁面，聆聽選擇A和選擇B的內容

（選擇A）

跳跳豆向火火豆大喊：「吃東西時別說話！餅乾碎屑都噴到我的臉上了！」

28

（選擇B）

跳跳豆輕聲地對火火豆說：「火火豆，你吃完餅乾，然後才慢慢地說給我聽吧。」

29

3 最後作出你的選擇！點選 Ⓐ 或 Ⓑ，然後聽一聽你是否選對了

每冊書末同時設有「親子說一說」欄目，給家長一些小提示，
讓家長在跟孩子進行親子閱讀時，也能一起討論他們所選擇的結果啊！

客人來我家

　　星期六早上，跳跳豆和糖糖豆的心情十分興奮，因為豆爸爸今天要帶他們去公園玩。正當他們準備出門的時候，豆爸爸的好朋友蘑菇先生和他的兒子突然來訪。接下來，跳跳豆和糖糖豆該怎樣做才是正確的呢？

選擇 A

　　跳跳豆和糖糖豆跟蘑菇先生打招呼，然後有禮貌地邀請小蘑菇一起玩。

選擇 B

　　跳跳豆和糖糖豆跟蘑菇先生打招呼後，就不耐煩地催促爸爸：「我們要去公園，快點走吧！」

到火火豆家作客

　　中午，豆爸爸和豆媽媽帶了跳跳豆和糖糖豆去公園，然後便去火火豆家裏作客。火火豆的媽媽烹調了很多菜式招待他們。跳跳豆和糖糖豆都想吃魚，可是他們都夾不到。接下來，跳跳豆和糖糖豆該怎樣做才是正確的呢？

選擇 A

　　跳跳豆站起來把整碟魚搬到自己面前，大口大口地吃起來。

選擇 B

　　糖糖豆則小聲地跟媽媽說：「媽媽，我想吃魚，請你幫我夾。」

玩具被搶走了

　　午飯後，小紅豆、胖胖豆和皮皮豆也來到火火豆的家。愛搞蛋的皮皮豆看見跳跳豆和火火豆正在玩積木，立即跑過去，從跳跳豆手中搶走一塊積木。接下來，跳跳豆該怎樣做才是正確的呢？

選擇 A

　　跳跳豆從皮皮豆手中搶回積木，兩個小朋友互不相讓。

選擇 B

　　跳跳豆讓皮皮豆知道搶玩具是不對的，
然後提議一起玩積木。

想問別人借玩具

　　玩完積木後，糖糖豆看到火火豆在玩魔術畫板，這畫板可以畫出不同的顏色和圖案，畫了又擦，擦了又畫，很有趣。糖糖豆也想玩火火豆的魔術畫板，接下來，糖糖豆該怎樣做才是正確的呢？

選擇 A

　　糖糖豆有禮貌地問火火豆：「我們可以一起玩嗎？」

選擇 B

　　糖糖豆站在一旁，靜靜地看着火火豆玩，希望他發現後自動讓給她玩。

小朋友爭吵時

　　玩耍後，火火豆媽媽準備了小吃給豆豆們。糖糖豆剛洗完手回來，看到小紅豆不知為什麼放聲大哭。而胖胖豆則拿着花朵形狀的餅乾。接下來，糖糖豆該怎樣做才是正確的呢？

選擇 A

糖糖豆認定是胖胖豆欺負了小紅豆，於是和胖胖豆吵起來。

選擇 B

　　糖糖豆一邊安慰小紅豆，一邊問胖胖豆發生了什麼事。原來胖胖豆不知道小紅豆也想要那塊餅乾呢！

吃東西時

　　豆豆們一起吃餅乾。火火豆興奮地和跳跳豆說他買了新玩具，那是一盒火箭模型。火火豆一邊吃餅乾，一邊說話，口中的餅乾碎屑都噴到跳跳豆的臉上去了。接下來，跳跳豆該怎樣做才是正確的呢？

選擇 A

跳跳豆向火火豆大喊：「吃東西時別說話！餅乾碎屑都噴到我的臉上了！」

選擇 B

　　跳跳豆輕聲地對火火豆說：「火火豆，你吃完餅乾，然後才慢慢地說給我聽吧。」

學會感謝和尊重別人

豆爸爸和豆媽媽提醒跳跳豆和糖糖豆，是時候要回家了。糖糖豆也想起要回家看她最喜歡的動畫片，於是拉着媽媽的手準備離去。跳跳豆跟火火豆一家道別，他有禮貌地說：「謝謝叔叔和阿姨的款待。」接下來，糖糖豆該怎樣做才是正確的呢？

選擇 A

糖糖豆保持有禮貌的態度，跟火火豆的爸爸和媽媽說：「謝謝。」

選擇 B

　　糖糖豆拉着媽媽的手，不斷嚷着要回家，完全不理會別人正在道別呢！

親子說一說

小朋友，看完這本書，你可以看看自己選得對不對。 如果你選了7個 😃 ，你就是一個懂得社交禮儀的好孩子了。

情境	選擇A	選擇B	小提示
客人來我家	😃	☹	當有客人來我們家時，我們應該有禮貌地跟對方打招呼，然後幫爸媽招待客人。如小朋友到訪，你可以邀請對方一起玩。
到火火豆家作客	☹	😃	吃飯時，我們要注意禮儀，不要飛象過河，也不要亂翻食物。當有什麼需要時，可以請家長幫忙。
玩具被搶走了	☹	😃	小朋友，當我們看到心愛的玩具，很多時候都想直接拿來玩，常常忘記要先徵求正在玩的小朋友的意見呢。如果我們想要玩的話，可以耐心輪候，或問問小朋友能否一起玩。

情境	選擇A	選擇B	小提示
想問別人借玩具	😀	🙁	當我們想玩別人的玩具時,可以有禮貌地徵求別人的同意,或是互相交換玩具來玩,不用太害羞或害怕。只要用適當的方法與人交流,你會結識很多新朋友。
小朋友爭吵時	🙁	😀	當遇到一些令我們生氣的事情時,不要動不動便與人吵架,因為很容易造成誤會,我們可以先了解情況,才能做出正確的判斷。
吃東西時	🙁	😀	邊吃東西邊說話,不但容易讓食物鯁到氣管裏,還會把食物噴到別人面前,既不衛生,也沒禮貌。我們在吃飯時,要學會餐桌禮儀。
學會感謝和尊重別人	😀	🙁	我們在接受別人的幫助或照顧後,不要忘記說聲「謝謝」;與人道別時,也要說聲「再見」,這是基本的社交禮儀。

　　社交禮儀是指在羣體生活中，孩子所必須遵守的一些簡單的行為規範。良好的禮儀對培養孩子的好習慣和素質是很重要，因此，爸媽需要隨着孩子的成長，給予他們最好的禮儀教育。例如：

🫘 運用基本的禮貌用語：其實孩子從1歲起已懂得觀察爸媽的言行和表情，以及學會説話。爸媽在這階段可以用歡快的語氣多説「請」、「謝謝」、「你好」、「再見」等基本禮貌用語，隨後也要適當地提醒孩子要説「請」和「謝謝」等。

🫘 學會打招呼：隨着孩子長大，他們會遇上不同的環境和人事。爸媽可以教導孩子稱呼別人的方式，當有客人來訪或到別人家作客時。孩子便懂得稱呼別人。遇見熟人時，爸媽也應及時引導孩子打招呼。當受到招待時，記着讓孩子説聲「謝謝」。

🫘 學會分享和尊重：孩子和朋友一起玩時，如果想玩玩具，必須先獲得主人的同意，玩後也應把東西放回原處。同時也鼓勵孩子多邀請小朋友一起玩。

我的好習慣

小朋友，你學會了哪些良好的社交禮儀？請你把其中一種寫在下面的獎狀上或畫出來，然後請爸媽給你塗上心心吧！

我學會：

做得真好！

小跳豆 故事系列（共8輯）
Jumping Bean

讓豆豆好友團 陪伴孩子快樂成長！

提升自理能力，學習控制和管理情緒！

幼兒自理故事系列（一套6冊）

《我會早睡早起》
《我會自己刷牙》
《我會自己上廁所》
《我會自己吃飯》
《我會自己收拾玩具》
《我會自己做功課》

幼兒情緒故事系列（一套6冊）

《我很生氣》
《我很害怕》
《我很難過》
《我很妒忌》
《我不放棄》
《我太興奮》

培養良好的品德，學習待人處事的正確禮儀！

幼兒德育故事系列（一套6冊）

《我不發脾氣》
《我不浪費》
《我不驕傲》
《我不爭吵》
《我會誠實》
《我會關心別人》

幼兒禮貌故事系列（一套6冊）

《在學校要有禮》
《吃飯時要有禮》
《客人來了要有禮》
《乘車時要有禮》
《在公園要有禮》
《在圖書館要有禮》

建立良好的心理素質，提高幼兒的安全意識！

幼兒生活體驗故事系列（一套6冊）

《上學的第一天》
《添了小妹妹》
《我愛交朋友》
《我不偏食》
《我去看醫生》
《我迷路了》

幼兒生活安全故事系列（一套6冊）

《我小心玩水》
《我不亂放玩具》
《我小心過馬路》
《我不亂進廚房》
《我不爬窗》
《我不玩自動門》

培養孩子良好的習慣和行為，成為守規矩和負責任的孩子！

幼兒好習慣情境故事系列（一套6冊）

《公德心》
《公眾場所》
《社交禮儀》
《清潔衞生》
《生活自理》
《與人相處》

幼兒好行為情境故事系列（一套6冊）

《我要做個好孩子》
《我要做個好學生》
《我要做個好公民》
《我要注意安全》
《我要有禮貌》
《我要有同理心》

小跳豆幼兒好習慣情境故事系列

社交禮儀

原著：楊幼欣

改編：新雅編輯室

繪圖：劉麗萍

責任編輯：趙慧雅

美術設計：劉麗萍

出版：新雅文化事業有限公司

香港英皇道499號北角工業大廈18樓

電話：(852) 2138 7998

傳真：(852) 2597 4003

網址：http://www.sunya.com.hk

電郵：marketing@sunya.com.hk

發行：香港聯合書刊物流有限公司

香港荃灣德士古道220-248號荃灣工業中心16樓

電話：(852) 2150 2100

傳真：(852) 2407 3062

電郵：info@suplogistics.com.hk

印刷：中華商務彩色印刷有限公司

香港新界大埔汀麗路36號

版次：二〇二二年七月初版

二〇二三年九月第二次印刷

ISBN: 978-962-08-7960-9

© 2013, 2022 Sun Ya Publications (HK) Ltd.

18/F, North Point Industrial Building, 499 King's Road, Hong Kong

Published in Hong Kong SAR, China

Printed in China